Publicado por Creative Education y Creative Paperbacks
P.O. Box 227, Mankato, Minnesota 56002
Creative Education y Creative Paperbacks son marcas
editoriales de The Creative Company
www.thecreativecompany.us

Diseño de The Design Lab
Producción de Chelsey Luther
Dirección de arte de Rita Marshall
Traducción de Victory Production, www.victoryprd.com
Impreso en los Estados Unidos de América

Fotografías de Alamy (Redmond Durrell, Nature Picture
Library, Rolf Nussbaumer Photography, Zoonar GmbH),
Corbis (Claus Meyer), Minden Pictures (Donald M. Jones),
National Geographic Creative (BIANCA LAVIES, MARESA
PRYOR), Shutterstock (Klaus Balzano, VOLYK IEVGENII,
Heiko Kiera, MyImages – Micha, Waddell Images)

Información del Catálogo de publicaciones de la Biblioteca
del Congreso is available under PCN 2017935157.
ISBN 978-1-60818-933-5 (library binding)

9 8 7 6 5 4 3 2 1

PLANETA ANIMAL

EL ARMADILLO

KATE RIGGS

CREATIVE EDUCATION • CREATIVE PAPERBACKS

El armadillo es un animal de América del Sur. Existen 21 especies de armadillos. Una de estas especies vive en América del Norte. Es el armadillo de nueve bandas.

El armadillo de nueve bandas es la especie más común.

Hay 3 especies de armadillos peludos que pueden tener hasta 18 bandas.

La coraza dura del armadillo está hecha de hueso. Tiene unas 2,000 placas que cubren el hueso. Las bandas en la mitad del cuerpo conectan las diferentes partes del **caparazón**.

caparazón cubierta dura de hueso que protege el cuerpo del armadillo

Los armadillos duermen hasta 16 horas al día en su madriguera.

Las patas del armadillo son cortas y fuertes. Los dedos tienen garras afiladas que usa para cavar. Los armadillos cavan **madrigueras**. Pasan la mayor parte del día durmiendo bajo tierra.

madrigueras hoyos o túneles cavados en la tierra donde viven los animales

El armadillo gigante mide unos tres pies (0.9 m) de largo. Pesa entre 70 y 110 libras (de 31.8 a 49.9 kg). La mayoría de los armadillos pesan entre 3 y 11 libras (de 1.4 a 5 kg). ¡Los más pequeños no pesan más que cinco rebanadas de pan!

Los armadillos de nueve bandas pueden pesar hasta 17 libras (7.7 kg).

Al igual que su pariente el oso hormiguero, el armadillo también tiene una lengua larga.

El armadillo usa sus garras para buscar comida. Los armadillos comen **insectos**, arañas y escorpiones. Pueden oler a las termitas que están dentro de su montículo. El armadillo usa su lengua pegajosa para atrapar la comida.

insectos animales pequeños con un cuerpo dividido en tres partes y que tienen seis patas

El caparazón de las crías recién nacidas es blando durante los primeros días o semanas de vida.

El armadillo hembra cava una madriguera especial. Allí nacen de una a tres **crías**. Las crías del armadillo de nueve bandas nacen con los ojos abiertos. Su tamaño es como el de una barra de mantequilla. Todas las crías se quedan en la madriguera al menos por un mes.

crías armadillos bebé

Entre dos y cinco meses después, los jóvenes armadillos se separan de su madre. Ellos buscan comida por su cuenta. No pueden ver bien, pero su sentido del olfato es fuerte.

El armadillo se guía por su olfato para ir a casi todas partes.

Los armadillos de tres bandas se pueden enrollar como una bola para defenderse de los predadores.

La mayoría de los armadillos son activos de noche. Están atentos al sonido de los jaguares, las serpientes y otros **predadores**. Algunos armadillos chillan con un sonido fuerte. Hay dos especies de armadillos que se enrollan como una bola.

predadores animales que matan y se comen a otros animales

Los armadillos son animales tímidos. Las personas tratan de observarlos en su ambiente natural. En Texas, los encuentras en muchos lugares. ¡Estos animales con armadura son únicos!

Algunas especies de armadillos tienen el cuerpo cubierto de pelos.

Un cuento sobre los armadillos

¿Cuál es la relación entre los armadillos y la música? La gente de América del Sur tiene un cuento sobre esto. Armadillo amaba la música. Él deseaba poder cantar como las ranas y los grillos. Un músico le dijo a Armadillo que su deseo se haría realidad. Pero Armadillo tendría que esperar por mucho tiempo. Después de vivir una vida larga y feliz, Armadillo murió. El músico convirtió su caparazón en un bello instrumento. Finalmente, Armadillo pudo cantar.

Índice